AF313295

LISTE

DE PORTRAITS

OMIS DANS LE PÈRE LELONG.

COLLECTION POSSÉDÉE ET DÉCRITE

PAR

SOLIMAN LIEUTAUD.

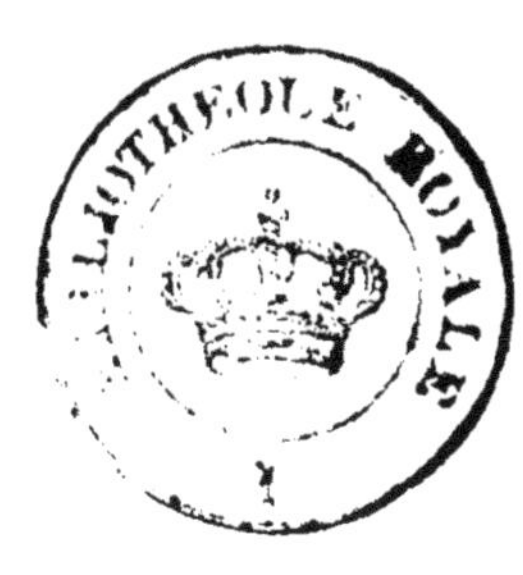

PARIS,

CHEZ L'AUTEUR,

RUE PERCÉE SAINT-ANDRÉ-DES-ARTS, N° 11.

—

1844.

IMPRIMERIE D'ED. PROUX ET Cᵒ, RUE NEUVE-DES-BONS-ENFANS, 3.

NOTICE.

La Liste de Portraits qui fait partie de la *Bibliothèque historique de la France*, par le Père Lelong, est d'une grande importance pour les artistes, les amateurs et les marchands qui s'occupent de portraits ; elle l'est devenue aussi pour quelques familles dont les portraits peints ont été ou détruits ou disséminés pendant la révolution de 1789, et dont il existe des gravures.

Cet ouvrage, qui contient cinq mille deux cents articles environ, laisse beaucoup à désirer, plus sous le rapport des personnages qui ont été omis que sous celui des portraits des personnages décrits dont on aura oublié d'en insérer plusieurs ; car il importe moins qu'un certain nombre de portraits d'Henri IV, Louis XIV et autres personnages n'aient pas été décrits, qu'il eût été nécessaire d'y faire figurer même un seul personnage nouveau.

Le petit ouvrage que je publie a pour objet d'indiquer des personnages non décrits.

J'ai suivi le plan de l'auteur ; comme lui, j'ai introduit les personnages étrangers qui ont occupé des emplois en France ; comme lui, j'ai décrit quelques dessins, et de même je me renferme dans l'année 1775.

Les amateurs trouveront la description de portraits récemment gravés. Je les ai mentionnés, parce que le premier portrait des personnages porte le millésime 1775 ou un millésime antérieur ; par exemple, le premier portrait de Buffon porte l'année 1761, celui de J.-J. Rousseau l'année 1763. Après ceux-là suit la description de ceux gravés postérieurement.

Quelques portraits ne portent pas de millésime ; j'indique les ouvrages d'où ils sont tirés et la date de l'édition.

Pour d'autres également sans millésime, la date de la mort du personnage, l'artiste qui a gravé le portrait, le papier même de la gravure, m'ont paru des indications assez suffisantes pour en motiver l'insertion.

Dans la description d'un personnage, je procède par ordre de date de la gravure et s'il y a un grand nombre de portraits ; après ceux par date, j'indique la direction.

Je possède tous les portraits dont je donne la description.

LISTE ALPHABÉTIQUE

DE PORTRAITS

OMIS DANS LE PÈRE LELONG.

A

AIGREFEUILLE (Faidit d'), né en Limosin, évêque de Rhodez en 1361, d'Avignon en 1365, et abbé de Montmajour; créé cardinal en 1389; par Robert, de Genève; N. in-4°, pour l'Histoire des Cardinaux françois de Duchesne, livre second, page 665.

AIGREFEUILLE (Guillaume d') l'aîné, né à Fontaine en Limosin, entra dans l'ordre des bénédictins dans l'abbaye de Beaulieu, au diocèse de Limoges, fut élu prieur conventuel de Saint-Pierre d'Abbeville; fait prothonotaire apostolique par Clément VI, archevêque de Sarragosse, puis cardinal en 1350; mort à Viterbe, le 3 octobre 1369. N. in-4°, pour l'Histoire des Cardinaux françois de Duchesne, livre second, page 521.

AIGREFEUILLE (Guillaume d'), né à Fontaine en Limosin, trésorier de la trésorerie de Susy, prieur de Saint-Georges de Ganay, cardinal, puis évêque de Sabine. N. in-4°, pour l'Histoire des Cardinaux françois de Duchesne, livre second. page 594.

ALENÇON (Philippe d'), né en Normandie, successivement évêque de Beauvais, archevêque de Rouen et et d'Auch, patriarche de Jérusalem et d'Aquilée, cardinal, puis évêque de Sabine, d'Ostie et de Vélitre, et doyen du Sacré-Collége. 1 N. in-4°, pour l'Histoire des Cardinaux françois de Duchesne ; — 2 N. en petit, dirigé à droite, au bas on lit : *Philippe d'Alenson*.

ANCHER-PANTALÉON, frère du pape Urbain IV, né à Troyes, archidiacre de Laon, puis cardinal. N. in-4°, pour l'Histoire des Cardinaux françois de Duchesne, livre second, page 256.

ARNAUD (Antoine), de Pomponne, abbé commendataire de l'abbaye de Saint-Pierre de Chaulmes. Bonnart, in-folio.

ASSAS (Louis chevalier d'), capitaine au régiment d'Auvergne, né en 1733, au Vigan, département du Gard (Languedoc), tué à Clostercamp dans la nuit du 15 octobre 1760. 1 Dupin, sc., in-8° ; — 2 P. E. Gay de Bric, P. Moret, sculp., in-4° ; — 3 Palloy, 1790, in-folio, petit buste pour son tombeau.

B

BACHELIER (P. Simon), de l'ordre des Théatins, né à Reims, élu vicaire-général de son ordre, à Genève, en 1625, et général, à Barcelone, en 1629. N. in-8°, à droite, au-dessous, trois lignes en latin, la première commence par *P. Simon*, et la dernière finit par 1629.

BAILLEUX (Magdeleine-Elisabeth), femme de Nicolas Baillet, etc. N. médaillon rond, in-4°, au-dessous six lignes, dont la première commmence par les prénoms, et la dernière finit par 12 *juin* 1764.

BALLAND D'AUGUSTEBOURG (Jean-François), marquis de Varambon, baron de Richemond, seigneur de
la Palu, etc., ancien capitaine de cavalerie et commandant les milices du Port-de-Paix dans l'île de Saint-
Domingue. F.-G. Colson, p.; P.-Car. Levesque, sc., in-
folio major.

BARBIER (François-J.-B.), chevalier, conseiller du
roi, président au présidial de Vitri-le-Français, âgé de
33 ans. 1736, Pinot, pinxit; Pinot filius, sculp., in-8°.

BARRIÈRE (Pierre de), né dans le diocèse de Rhodez, nommé évêque d'Autun en 1377, puis créé cardinal; mourut à Avignon le 13 juin 1383. N. in-4°, pour
l'Histoire des Cardinaux françois de Duchesne, livre
second, page 661.

BARTHOLOMŒIS (Henri de), né à Suze, mort à
Lyon en 1267, enterré dans l'église des Jacobins de la
même ville; évêque de Sisteron, archevêque d'Embrun
l'an 1250 environ, et créé cardinal, en 1263, par le pape
Urbain IV. N. in-4°, pour l'Histoire des Cardinaux françois de Duchesne, page 247.

BASTIDE (Jean-François de), écrivain très fécond,
de plusieurs académies; né à Marseille, en 1724, mort
à Milan, en 1798. *Mulier*, delineavit; Cagnoni, sculp.,
in-8°.

BAUDIUS (Dominique), savant et érudit, né à Lille,
en 1561, mort à Leide, en 1613. 1 N. in-8°, dans Jean
Meursius, page 154; — 2 N. in-8°, dans une bordure de
laurier, au bas un distique latin dont le premier mot est
Vane, et le dernier *Baudius*; au dessous, en une ligne,
Perseveranti laurea, et plus bas : *Natus* 1561, *denatus*

1613; — 3 N. in-18, mêmes observations que le n° 2; — 4 N. in-18, au-dessous, en deux lignes, *Dominicus Baudius, I. C.*, etc. — *historiarum professor*, et dans le courbe du haut : ıaen arıɔteɣeın. Ces quatre portraits sont dirigés à gauche, et les cinq suivans à droite : 5 N. in-8°, mêmes observations que pour le n° 4; — 6 N. in-8°, avec les deux lignes qui sont au bas du n° 4; — 7 N. in-18, mêmes observations que le n° 2; — 8 N. in-32, dans une bordure carrée, au dessous, en deux lignes : *Dominicus Baudius,—historiarum prof., lugd, bat.*;—9 J. Matham, sculp., in-4°.

BAUHIN (Jean), médecin et chirurgien célèbre, né à Amiens, en 1511, mort à Bâle, en 1582. N. in-8°, dans le livre de Nicolas Reusner, *Icones sive imagines vivæ*, etc.

BAUR (J.-Guillaume), peintre et graveur, né à Strasbourg, mort à Vienne, en 1640. N. in-8° oblong, dans une bordure de laurier, avec un génie à chaque angle, au-dessus du médaillon est le millésime 1637, au dessous on lit, en deux lignes : *Gionn. Guillielmo Baur, pictor.*

BEATUS RHENANUS, né à Scelestad. 1 N. in-4°, dans l'Académie des Sciences et des Arts; — 2 en petit, dans la Chronique d'Opmeer; — 3 N. en petit, dirigé à droite au-dessous, en deux lignes: *Beatus Rhenanus,—philologus argentorat*; — 4 N. in-4°, dirigé à gauche, au bas, en une ligne : *Beatus Renanus, Scelezestadiensis*, et au dessous quatre vers latins, dont le premier commence par le mot *Plurima*, et le dernier finit par *Beas*.

BEAUVEAU (François-Vincent-Marc de), primat de

Lorraine, prothonotaire apostolique, etc. Antonius David, delin. et pinx. Roccus Pazzi, sculp. Romæ, in-4°.

BEDIGIS (François-Nicolas), auteur de l'art d'écrire démontré, né à Servon, diocèse de Reims, le 1er avril 1738. Desrais, del.; Droyer, sc., in-folio.

BELLEFONT (Bernardin Gigault marquis de), maréchal de France, mort au château de Vincennes, en 1699. N. in-4°, dirigé à droite, au dessous, trois lignes de titres en italien.

BENARD (Nicolas), Parisien, âgé de 25 ans. Jaspar Isac, fecit in-8°

BENOIT XII (Jacques Fournier, pape sous le nom de), fils d'un meunier de Saverdun, au diocèse de Pamiers; fait évêque de Pamiers en 1327, évêque de Mirepoix en 1326, créé cardinal en 1317 et pape en 1334. N. in 4°, pour l'Histoire des Cardinaux françois de Duchesne, livre second, page 473.

BERENGER (Claude), Parisien. E. Le Sueur, p.; R. Lochon, sc., in-4°.

BERGAIGNE (Joseph de), de l'ordre de Saint-François, évêque de Bois-le-Duc, puis archevêque et duc de Cambray. 1 Theod, à Thulden, delin.; Jac. Neeffs, sc., in-4°; — 2 P. de Jode, exc., in-4°; — 3 Ph. Fruytiers, delin.; Jac. Neeffs, sculpsit, in-folio; — 4 Anselmus Van Hulle, pin.; Paul Pontius, sculpsit, in-folio; — 5 N. in-4°, à droite, copie du précédent avec quatre lignes de titres en latin; — 6 N. in-4°, à gauche, copie du n° 4.

BERGHE (Jean marquis de), mort le 22 mai 1567, gouverneur du Hainaut, Valenciennes et Cambrésis.

1 N. in-4°, à gauche les noms et titres en latin autour du médaillon, et répétés en flamand au dessous ;— 2 N. in-4°, à droite, mêmes observations que pour le n° 1 ;— 3 N. in-8°, à droite, les titres autour du médaillon.

BERNAGE (Louis-Basile de), chevalier de Saint-Louis, conseiller du roi, intendant en Languedoc. Gérard, pinxit; Michel, sculp.; Avenione, in-folio.

BLOIS (Louis de), abbé de Liessies. J. Picart, incidit, petit portrait en pied dans le titre in-folio de l'Histoire de la maison de Chastillon-sur-Marne, par André Duchesne. Paris, Sébastien Cramoisy, 1621.

BOILLOT (Joseph), auteur de divers ouvrages, né à Langres. N. in-4°, eau forte, médaillon oval formé de deux branches de laurier; le personnage est dirigé à droite.

BOISSY. *Voir* Laus.

BONAL (R. P. François), provincial de la province d'Aquitaine. N. in-4°, genre d'Habert, le personnage est dirigé à gauche.

BORDE (Jean-Benjamin de la), premier valet de chambre ordinaire du roi, gouverneur du Louvre, auteur de divers ouvrages, né à Paris en 1734, mort dans la même ville en 1794, victime de la révolution. 1 Denon, del., 1770, J.-M. Moreau le jeune, sculp., 1771, in-4° ; — 2 Marillier, del.; Née, sculp., in-4°, sur la même feuille et en regard du baron de La Tour Châtillon-zur-Lauben ; — 3 peint par Du Rameau, en 1768 ; gravé par C.-E. Gaucher, in-32.

BORDES (Bertrand de), mort en 1310, à Avignon, fut évêque d'Alby, camerier du pape Clément V, et créé par lui cardinal. N. en petit, à droite, au bas, en une ligne : *Bertrand de Bordes*.

BOURGEVIN DE VIALART DE MOLIGNY (Mᵉ Charles-Paul de), chevalier commissaire des gardes-du-corps, chevalier de l'ordre de Saint-Louis. C.-H. Letellier, del.; C.-H. Letellier, sc., in-folio.

GUYARD (Marie-Elisabeth-Jean-Baptiste), épouse du précédent, née le 9 mai 1721, décédée le 24 octobre 1765. F. Martin, pinxit; St. Fessard, sculp., in-folio.

BOUTAULT DE RUSSY (Nicolas de), colonel, directeur du corps royal d'artillerie. Par son ami de Famars, in-4°.

BREMOND (Rev. P.-F. Antonin), né en 1692, à Cassis en Provence, élu 63ᵉ général de l'ordre de Saint-Dominique, en juin 1748, à l'âge de 56 ans, auteur de divers ouvrages. Petrus Trassi, pinxit; Silv. Pomarede, sculpebat, in-folio.

BRETAGNE (Saint-Charles de Chastillon, dit de Blois duc de). J. Picart, incidit, petit portrait en pied pour le titre in-folio de l'Histoire de la maison de Chastillon-sur-Marne, par André Duchesne. Paris, Sébastien Cramoisy, 1621.

BRIQUEMAUT (François de), gentilhomme protestant, exécuté sur là fin du règne de Charles IX. N. in-8°, sur bois pour les Hommes illustres de Théodore de Beze.

BRON (Claude-Charles de), comte de la Liegue, baron de Rivière, etc., premier baron de Lyonnois. Spirinx, sculp., in-f°.

BUACHE (Philippe), premier géographe du roi, né à Paris en **1700**, mort en **1773**. N. petit médaillon dans le titre in-folio : *la Géographie fait de nouvelles découvertes sur le globe.* G.-P. Marillier, inve ; P.-N. Rrivet, sculp.

BUCER (Martin), né à Scelestadt en **1491**, mort à Londres en **1551**, d'abord dominicain, embrassa la réforme.

Portraits dirigés à gauche.

1 R. Boissard, in-8° ; — 2 Hondius, in-4° ; — 3 N. en petit, avec deux lignes de titres en latin ; — 4 N. in-8°, avec trois lignes, la première est : *Martinus Bucer,* les deux autres sont en allemand ; — 5 Van der Werff, p. ; G. Walk, sculp., in-folio ; — 6 Richard Chiswel, in-4° ; — 7 R. Houston, fecit, in-folio.

Portraits dirigés à droite.

8 D. in 4°, sur bois, 1568, il tient un livre ouvert ; — 9 R. B., in-4° ; — 10 N. in-4°, au dessous, en deux lignes : *Martinus Bucerus,* — *theol. argentor. et cantabrig.* ; — 11 Desrochers, in-8° ; — 12 N. in-8°, on lit au dessous, en une ligne : *Martin Bucer, Ano* 1551 ; — 13 N. in-8°, dans un oval sans fond, au dessous on lit : *Martin Bucer,* et deux lignes anglaises finissant par le chiffre 1551 ; — 14 N, petit buste in-12, avec huit lignes, finissant par le millésime 1551.

BUFFON (Georges-Louis Le Clerc de), de l'Académie française, de celle des Sciences, l'un des plus grands écrivains du 18° siècle, né le **27** décembre **1707**, à Montbard en Bourgogne, mort à Paris, le **15** avril **1788**.

Portraits avec millésime.

1 Drouais, pinxit, 1761; C. Baron, sculp., et M. Drouais, direxit, in-4°; — 2 peint par Drouais le fils, en 1761; gravé par Chevillert, en 1773, in-4°;—3 Drouais, pictor Reg., pinx., 1761; de Seve, del.; Gaucher, ex Acad. Lond. inci., 1774, in-8°;—4 Drouais, pinx., 1761; P. Savart, sculp., 1775, in-8°; — 5 A. Pujos, ad vivum del., 1776; Vin. Vangelisty, sculp., 1777, in-folio; — 6 in-8°, chez C. Forster, 1789; — 7 F. Drouais, pinx., 1761; C.-S. Gaucher, inc., an VII, in-18; — 8 J. Chapman, in-8°, 25 avril 1801; — 9 Meyron, del.; Romney, sculp., in-4°, 1815; — 10 Deveria, del.; Al. Massard, sculp., in-8°, 1822.

Portraits dirigés à droite et par ordre alphabétique de graveur et les derniers sans nom d'artiste.

11 Barrière père, sculp., in-12; — 12 dessiné par Maltebrun, gravé par Bernardi, pour le Musée de Versailles, in-8°; — 13 Bosselman, sc., in-8°, publié par Furne;—14 Delignon, sculp., in-12; — 15 dessiné d'après le buste de Houdon, par Delafontaine, gravé par Dupréel, in-8°;—16 Markl, del.; Giroux, sc., in-8°, publié par Pourrat frères;—17 Emile Giroux, avec emblêmes, in-8°, pour Mauprivez fils, éditeur;—18 gravé sur acier, en petit, par Hopwood;—19 dessiné par Bounieu, d'après le buste de M. Houdon, gravé par Hubert, in-folio;—20 A. Lefèvre, sculp., in-8°;—21 Al. Massard, in-8°;—22 Alex. Massard, scul., in-8°, pour Menard et Desenne;—23 L. Pauquet, del. et inc., in-18;—24 C. P. Marillier, del. N., Ponce, sc., in-folio, pour les Illustres Français;—25 dessiné par Quenedey avec le phy-

sionotrace, inventé par Chrétien, d'après le buste de Houdon, vu de profil, en petit;—26 gravé par Ransonnette, in-12;—27 A. Saint-Aubin, in-4°;—28 Drouais, pinx.; Sixdeniers, sculp., in-8°; — 29 N., in-8°, au bas son nom, plus trois lignes dont la dernière finit par 1788; — 30 N., in-8°, avec emblêmes, au dessous du buste on lit en deux lignes : GEORGE LEWIS LE CLERC; COUNT DE BUFFON; — 31 N., in-8°, buste soutenu par la Nature, sous la forme d'une femme; — 32 N. très petit, pour le Dictionnaire biographique, L.-G. Peugnot.

Portraits dirigés à gauche.

33 Drouais, dip.; Christophoro, dall.; Acqua, Vicentino, sc., in-8°; — 34 Marcily, pinx.; Boincillet, sc., in-8°;—35 Dupreel, sc., in 8°;—36 Ambroise Tardieu, direxit, in-8°; — 37 N., in-folio, le médaillon est d'un format in-4°; — 38 N., in-8°, au dessous quatre lignes dont les deux premières sont : GEORGES LOUIS LE CLERK; COUNT DE BUFFON; la quatrième finit par BERLIN; — 39 N., in-18, d'après Drouais; — 40 N., in-12, d'après Pujos; — 41 in-8°, dans la Mosaïque, n° 10; — 42 N., in-18, copie du n° 12;—43 N., tout petit buste, au bas le n° 59.

Portraits en pied.

44 Deveria, del.; Tony Johannot, sculp., in-8°; — 45 Pajou, inv.; Martini, sc., in-4°.

BURCH (FRANÇOIS VAN DER), évêque de Gand, puis archevêque et duc de Cambray, mort en 1644, âgé de 77 ans; — 1 N., in-folio, à gauche, encore évêque de Gand;—2 Gilles Rocholle, sculp., in-4°.

C

CABASSOLE (Philippes de), né à Cavaillon, fut successivement chanoine, archidiacre, prevost et évêque de cette ville, puis cardinal, N., in-4°, pour l'Histoire des Cardinaux françois de Duchesne, livre second, page 597.

CADECOMBE (Paul de), jurisconsulte d'Avignon, Lud. David, dell. et sculpsit, ad. W., in-folio.

CAPELLUS (Ludovicus), professeur d'hébreu et de théologie, à l'Académie de Saumur ;—1 N., in-folio, à droite, avec les noms et titres en latin autour du médaillon, au bas quatre vers latins, dont le premier commence par *Qui*, le quatrième finit par *Tiberias* ;—2 N., in-8°, pour Jean Meursius, page 246,

CHAMPLOST (Mre Jean Quentin IIe, chevalier baron de), C. Vanloo, pinx. ; Jogan, sculp., in-folio.

CHAPUSET (Chrétien-Frédéric), maître de langue française, à Nuremberg, œ fecit, in-18, le personnage est dirigé à droite.

CHASTEAUROUX. *Voir* Eudes de.

CHASTILLON (Robert de), évêque et duc de Laon, J. Picart, incidit, petit portrait dans le titre in-folio de l'Histoire de la maison de Chastillon-sur-Marne, par André Duchesne, Paris, Sébastien Cramoisy, 1621.

CHASTILLON (Saint-Charles de). *Voir* Bretagne.

CHASTILLON. *Voir* Urbain II.

CHATEAUMORAND (Diane de), N., in-8°, médaillon

oval avec emblèmes ; au bas , quatre vers dont voici le premier : *Laisse ton burin admirable.*

CHATEAU-REGNAUD (FRANÇOIS-LOUIS. DE ROUSSELET, comte de), vice-amiral , fait maréchal de France en 1703, né en 1637, mort en 1716 ; — 1 Bonnart , in-folio en pied ; — 2 dessiné par Graincourt en 1780, gravé par Hubert, in-8°.

CHATELAIN (HENRI), ministre protestant, né à Paris en 1684 , pasteur de Saint-Martin de Londres en 1710, à La Haye en 1721 , à Amsterdam en 1728 ; — 1 Ph. Endlich, del. et sc. , à Amsterdam , 1739, in-folio ; — 2 L. F. D. B., inv., 1744 ; P. Tanjé, sc., in-8°.

CHAUMONT DE LA GALAISIÈRE (Messire ANT. MARTIN DE), cons. d'état ord., chancelier de S. M. le roi de Pologne, intendant de Lorraine et Barrois, N., in-folio , vu de face , tous les titres ci-décrits autour du médaillon.

CHERON (PIERRE), contrôleur de la maison de la reine, mort en 1742. N.. Edelinck, sculpsit, in-folio.

CHOFFARD (P.-P.), dessinateur et graveur, P.-P. Choffart, fecit 1762, in-18.

CIDEVILLE (P.-R. LE CORNIER DE), ancien conseiller au parlement de Rouen, de l'Académie des sciences , belles-lettres et arts de la même ville, né à Rouen en 1696 , mort en 1775 ; J.-B. Descamps, délin. 1752 ; J.-B. Hayard, fecit, in-4°.

CLÉMENT IV (GUY LE GROS), né à Saint-Gilles, province de Narbonne, successivement évêque du Puy, archevêque de Narbonne, cardinal, puis pape sous le nom de ; — 1 N., in-4°. pour l'Histoire des Cardinaux françois de Duchesne; — 2 N., in-8°, à gauche, avec ces mots : *Clemens. IIII. papa. Narbonensis,* et au-dessous *Gallus*; — 3 N., in-8°, à droite, en deux lignes : *Guy le Gros — Cardinal en* 1261, *mort en* 1268; — 4 N., en petit, pour la Chronologie Collée.

CLERMONT-TONNERRE (Gaspard, maréchal duc de), pair de France, connétable, grand-maître héréditaire et premier commis-né de la province de Dauphiné, chevalier des ordres du roi, lieutenant-général pour Sa Majesté en la province de Dauphiné, gouverneur des ville et citadelle de Beltfort, etc., né en 1688, mort en 1781; — 1 L., Capitaine, ing.-géog. du roi, scul., in-folio; — 2 par le même, in-folio plus grand; — 3 Patas, in-8°, en habit de connétable pour le sacre de Louis XVI.

COLIGNY (François, comte de), de Chastillon, colonel de l'infanterie françoise, gouverneur de Rouergue et de Montpellier, amiral de Guyenne en 1590, mort en 1591, âgé de 34 ans; — N., sc., in-4°, à droite, avec les titres ci-décrits.

COLMY (Pierre de), né en Provence, fut chanoine de N^e-D^e d'Amiens, prevôt de Saint-Omer, légat en Albigeois et au diocèse d'Agen, archevêque de Rouen et enfin cardinal; — N., in-4°, pour l'Histoire des Cardinaux françois de Duchesne, livre second, page 217.

COLOMBE l'aînée (Mlle), actrice, née à Venise, le 29 octobre 1754, pensionnaire du roi, reçue à la Comédie italienne en 1773; — 1 dessinée d'après Lemoine, gravée par Delatre, in-8°; — 2 dessinée et gravée par Patas, in-folio, en pied.

CONTANT D'IVRY (Pierre), architecte du roi, né à

Ivry-sur-Seine, le 11 mai 1698 ; Houel, peintre du roi, del. ; Vangelisty, sculp., in-folio.

COSSA (Jean), comte de Troie, seigneur de Grimault, sénéchal de Provence, accompagna René d'Anjou à Lyon, et porta la parole dans l'entrevue que ce roi eut avec Louis XI ;—N., in-8°, dans Montfaucon, n° 2 de la planche 166, édition de La Haye, de Hondt, 1745.

COSSÉ, duc de BRISSAC (Jean-Paul-Timoléon de), né le 12 octobre 1698, mort en 1784, pair, maréchal et grand pannetier de France, etc., gouverneur et lieutenant-général de la ville, prevôté et vicomté de Paris ;— 1 Pougin de Saint-Aubin, p. ; Gaucher, del. et sc., 1772, in-4° ;—2 Pougin de Saint-Aubin, pinx. ; Dossier et Hubert, sculp., in-4° ;—3 Marillier, pinx. ; Lebeau, sculp. in-8°.

COUTURIER DE FORNOUE (Joseph), abbé de Pebrac, comte de Brioude et archidiacre de Tarbes ; Schenau, del., 1765 ; Louis Halbou, sc., 1765, in-folio.

CRAVETA (Joannes-Aymon), *Delphinas, ex dominis genoliæ*, théologien, jurisconsulte et mathématicien, N., petit in-folio, à l'âge de 49 ans.

CROY (Eustache de), comte de Roueux et du Saint-Empire, etc., gouverneur et capitaine-général de la province de Lille, Douay et Orchies, B. Clerbau, delincavit; F. de Boulonois, fec., in-8°.

D

DEMACHY (Jac.-Fr.), pharmacien et littérateur, né à Paris en 1728 ; Violette, pinx. ; Bosse, sculp., 1767, in-4°.

DESCAZEAUX DU HALLEY (le chev. Michel), né à Paris, le 10 d'aoust 1710, tiré d'après nature, à la prison de La Fleet, à Londres, par M. Banks, Suédois, en 1746; Beauvais, sculpsit, 1747, in-folio.

DESHAYES (J.), le s^r de La Marqueterie, in. et fecit, in-8°, portrait pour le compas de proportion, mis en son jour, par Le S^r.

DESPREZ (Pierre), né près Montpezat, en Quercy, successivement évêque de Riez, archevêque d'Aix, cardinal, etc. N., in-4°, pour l'Histoire des Cardinaux fran- de Duchesne, livre second, page 436.

DOLET (Etienne), littérateur et imprimeur, né en 1509, à Orléans, brûlé à Paris en 1546; N., in-8°, dans le livre de N. Reusner, *Icones sive imagines vivœ*, etc.— 2 N., in-8°, copie du précédent.

DROUAS DE BOUSSEY (Claude), évêque et comte de Toul, gravé par D. Collin, à Nancy, 1755, petit in-folio.

DUBOSQUET (Bernard), chanoine de Bordeaux, archevêque de Naples en 1365 et cardinal en 1368; — 1 N., in-4°, pour l'Histoire des Cardinaux françois de Duchesne, livre second, page 599;—2 N., en petit, dirigé à droite, au bas ces deux mots : *Bernard du Bosquet.*

DUBREUIL, de l'Opéra, dansant la scaramouche; Bonnart, in-folio, en pied.

DUFOUR (Vital), né à Bazas, en Guyenne, religieux minime, docteur en théologie, cardinal, évêque d'Albe; N., in-4°, pour l'Histoire des Cardinaux françois de Duchesne, livre second, page 288.

DUMONT (Gab.-Pi.-Martin), professeur d'architecture, membre des Académies de Rome, Florence et Bologne ; Kucharski, del., J.-M. Moreau le j., 1767 ; S. Baron, sculp., in-folio.

DUPUIS (Imbert), né à Montpellier, doyen du sacré collége, camerlingue, etc., puis cardinal ; N., in-4°, pour l'Histoire des Cardinaux françois de Duchesne, livre second, page 463.

DUPUY (Girard), bénédictin, abbé de Marmoustier-les-Tours, évêque de Carcassonne, puis cardinal ; N., en petit, à droite, au bas ces mots : *Girard Dupuy.*

DURAND (F.-J.), ministre protestant, né en 1737 dans un village de Normandie, mort à Lausanne en 1813 ; F. Lardy, direx., grand in-8°.

DURAS (Emmanuel-Félicité de Durfort de Duras, duc de), pair de France, lieutenant général des armées du roi, etc., gouverneur de la Franche-Comté, des ville et citadelle de Besançon, commandant en chef dans la province de Bretagne, né en 1715, mort à Versailles en 1789 ; il était membre de l'Académie française ; Queverdo, delin. ; Dembrun, sculp., in-folio.

E

EON DE BEAUMONT (Charles-Geneviève-Louise-Auguste-André-Timothée d'), personnage qui a vivement excité la curiosité publique vers la fin du 18ᵉ siècle, sous le nom de la chevalière d'Eon, né à Tonnerre en 1728, mort à Londres en mai 1810.

Portraits avec millésime.

1 Huquier, pinx. ; Burke, fecit, in-folio, publié en

1771 par Wesson, habillé en homme ; — 2 in-folio, en
pied, en Minerve, publié en 1773, par Hooper ;—3 Bradel, in-8°, casque en tête, surmonté d'un coq pour sa
vie, Paris, Lambert, Onfroy et autres, 1774 ;— 4 N. Pruneau, sculp., 1779, in-8°, casque en tête, orné de plu-
mes ; — 5 Angelica Kauffmann, pinxit, d'après Latour ;
Francis Haward, sc., in-folio, habillé en femme, publié
en 1788 par Haward ; — 6 Minerue gauloise, in-folio, y
compris les titres, publié en 1791 par J. Condé et Boy-
dell ; — 7 habillé en homme, publié par James Cundée,
in-8°.

Portraits dirigés à gauche.

8 Dessiné et gravé par J.-B. Bradel, in-folio, costume
de femme ; — 9 N. in-folio, costume de femme ; — 10 Rob.
Cooper, scul., in-8°, costume de femme ; — 11 Desrais,
del. ; Lebeau, sc., in-8°, en dragon ;—12 Baader, del. ;
C.-F. Letellier, sc., in-8°, coiffé d'un tricorne ;—13 N.,
in-8°, de profil, habillé en femme, huit lignes de titres
en français ; — 14 N., in-8°, en femme, quatre lignes de
titres en italien ;—15 M. Baader, del. ; C.-F. Letellier,
sculp., in-8°, en femme ;—16 J. Condé, delin. et sculp.,
in-8°, en femme ; — 17 N., in-8°, en homme, en deux
lignes : *Mademoiselle de Beaumont.—Chevalier d'Eon.*

Portraits dirigés à droite.

18 N., in-8°, en dragon, dessin à la plume ; — 19 N.
in-8°, avec six lignes de titres, en femme ;—20 N., in-8°,
de trois quarts, en femme ; — 21 in-8°, chez Esnault et
Rapilly, en femme ; — 22 Vaillant, del. ; Fritschius,
sculp., in-8°, en femme ; — 23 in-folio, en pied, publié
par Conbeau à Paris, et Robinde à Londres, assaut d'ar-

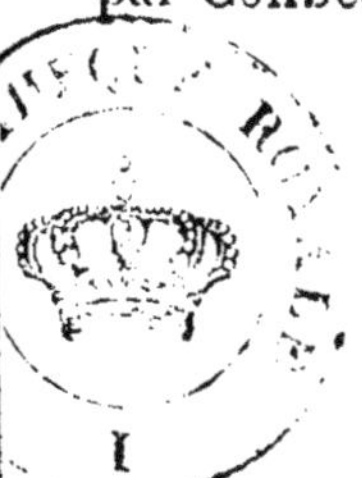

mes du 9 avril 1787 avec le chevalier de Saint-Georges.

ERARD DE LISIGNES, chanoine, puis évêque d'Auxerre et cardinal; N., in-4°, pour l'Histoire des Cardinaux françois de Duchesne, liv. second, pâg. 276.

ESPAGNE (JEAN D'), ministre de l'Eglise française, à Londres, né à Misoen-en-Oysans, en Dauphiné (département de l'Isère); — 1 V.-C. Boëklin, sc., in-4°; — 2 N., in-8°, avec six lignes dont la première commence par *Johannes*, et la dernière est formée du seul mot *Inclytus*;—3 N., in-8°, avec trois lignes, *Johannes* commence la première, *Inclytus* finit la troisième; — 4 N., in-8°, les noms autour du médaillon, au-dessous six vers hollandais, par P. Sindt;—5 N., in-8°, en deux lignes : *Johan d'Espagne — Ecclesiastes londinensis*, les n. 4 et 5 sont dirigés à gauche.

ESTIENNE DE PARIS, successivement doyen et évêque de Paris, puis cardinal, N., in-4°, pour l'Histoire des Cardinaux françois de Duchesne, livre second, page 606.

ETEMARE (JEAN-BAPTISTE LE SESNE DE MENILLES D'), théologien, auteur de plusieurs mémoires contre la Bulle Unigenitus, né le 4 janvier 1682, dans le diocèse d'Evreux, mort à Paris, le 29 mars 1770; C.-L. Belle, pinx.; gravé à Paris, par J. Tardieu, in-folio.

EUDES DE CHASTEAUROUX, né dans le Berry, à Châteauroux, dont il prit le surnom, fut chanoine et chancelier de l'Eglise de Paris, puis cardinal; N. in-4°, pour l'Histoire des Cardinaux françois de Duchesne, livre second, page 222.

EUX (BERTRAND DE D'), né en Languedoc, nommé prevôt de l'église d'Embrun, puis archevêque de la même ville, le 5 septembre 1323, et créé cardinal en 1337 ; N., in-4°, pour l'Histoire des Cardinaux françois de Duchesne, livre second, page 477.

F

FABERT (ABRAHAM), imprimeur, né à Metz en 1560, mort dans la même ville en 1638 ; M. Lasne, sc., in-8°.

FAGET (JEAN), membre de l'Académie de chirurgie et de la Société royale de Londres, ancien chirurgien major de la Charité ; N., grand in-8°, 1761 ; hommage de J. B. Cochois, son élève.

FEBURE (GUILLAUME LE), docteur de la Sainte-Écriture, conseiller et aumônier du roi de France ; N., in-8°, dirigé à droite, au bas quatre lignes en allemand, dont la première commence par le mot *Wilhelm*, et la quatrième est formée du seul mot *Franckreich*.

FOURNEAU (NICOLAS), maître charpentier, à Rouen, auteur de divers ouvrages sur la charpenterie, publiés en 1767, 1768 et 1772 ; N., in-folio, assis, dirigé à droite, tenant dans la main gauche un dessin de charpente et dans la droite un compas.

FOURNIER (JACQUES). *Voyez* Benoît XII.

FRAMBOISIER DE BEAUNAY (L. E.), écuyer, procureur du roi honoraire au bailliage de Lions, ancien subdélégué de l'intendance de Rouen, directeur-général du Mont-de-Piété et du bureau des nourrices de Paris, né le 25 avril 1735 ; Renou, pinx. ; Benoist, sculpsit, in-folio.

G

GALLYOT (Charles), doyen des avocats du parlement de Paris, mort le 21 may 1693, âgé de 80 ans ; N., petit in-folio, dirigé à gauche.

GAMART (P. Gilles), de Réthel, général de l'ordre des Théatins en 1623 ; N., in-8°, à droite, trois lignes en latin dont la première commence par *P. Ægidius*, et la troisième finit par *Fuit*.

GAMON, âgé de 24 ans ; N., in-18 sur bois, dirigé à droite : on lit autour du médaillon : *Virtus mihi carior auro*, et au-dessous quatre vers dont le premier commence par *Peintre*, le quatrième finit par *Et l'image*.

GANDOLIN, comédien ; J. Falck, in-folio, en pied.

GARVO (Bernard de), de la maison noble de Sainte-Délivrée, près Agen, chanoine et archidiacre de Costentin en l'église de Coutances, créé cardinal en 1310 par le pape Clément V ; N., in-4°, pour l'Histoire des Cardinaux françois de Duchesne.

GÉRARD (Balthasar), fanatique, né dans un bourg de Franche-Comté, exécuté en 1584 pour avoir assassiné Guillaume d'Orange ; N., en petit, dans la Chronique d'Opmeer.

GERBIER (P. J. B.), avocat célèbre du parlement de Paris, né à Rennes en 1725, mort en 1788 ; 1 Pujos, del. : Vidal, sc., petit in-folio ; — 2 Ambroise Tardieu, direxit, in-8°.

GIRARD (Pierre), d'une famille de Saint-Symphorien-le-Chastel, en Lyonnais, prevôt de l'église de Marseille, successivement évêque de Lodève, du Puy et Tusculane, et créé cardinal par Clément VII ; N., in-4°, pour l'Histoire des Cardinaux françois de Duchesne, livre second, page 711.

GIRARDIN DE VAUVRÉ (Jean-Louis), conseiller du roi, intendant de la mer Méditerranée ; Hyacinthe Rigaud, pinxit ; Jacobus Coelemans, sculpsit, 1703, grand in-folio.

GIROUST (Jacques), de la Compagnie de Jésus, un des plus célèbres prédicateurs du 17e siècle, né à Beaufort, en Anjou, mort à Paris, le 19 juillet 1689, âgé de 65 ans ; N., in-8°, dirigé à droite, au bas quatre lignes, commençant par *Jacques*, et finissant par 65 *ans*.

GODIN (Guillaume-Pierre), né à Bayonne, entra dans l'ordre de Saint-Dominique, devint prieur de son ordre en Provence et Languedoc, et fut créé cardinal en décembre 1312, par le pape Clément V ; N., in-4°, pour l'Histoire des Cardinaux françois de Duchesne.

GRÉGOIRE XI (Pierre-Roger de Beaufort, pape sous le nom de), né en Limosin, fut prieur de la Haye-aux-Bons-Hommes-les-Angers, archidiacre de l'église de Sens, chanoine de Ne-De de Paris, doyen de l'église de Bayeux, cardinal, puis pape ; N., in-4°, pour l'Histoire des Cardinaux françois de Duchesne, livre second, page 614.

GRIMOARD DE GRISAC (Anglic), frère du pape Urbain V, chanoine régulier de l'ordre de Saint-Augustin, abbé de Saint-Ruf, près Valence, évêque d'Avignon, puis cardinal ; N., en petit, à droite, avec ces deux mots : *Anglic Grimoard*.

GRIMOARD DE GRISAC (Guillaume). *Voyez* Urbain V.

GUERIN, graveur de médailles, dessiné et gravé, in-4°, par Ch. Guerin son fils, et dédié aux amis du père.

GUICHE (Mme la duchesse de), Bonnart, in-folio, en pied.

GUILLARD (P.-Jean), d'Ornans en Franche-Comté, élu général de l'ordre des Théatins, en 1658, par Alexandre VII ; N., in-8°, à droite, au dessous trois lignes, dont la première commence par *P. Joannes,* et la troisième finit par : 1658.

GUYARD. *Voyez* Bourgevin Mc Elis.-J.-B.

II

HACHETTE DES PORTES (Henri), évêque de Glandeves, abbé de Vermand, peint par F. Mauperin, gravé par J. B. Bradel, citoyen de Saint-Malo, in-folio.

HERBERT (Jacques), religieux de l'ordre de Saint-Bernard, cardinal ; N., in-4°, pour l'Histoire des Cardinaux françois de Duchesne, livre second, page 234

HOFER (Jean), médecin, auteur de divers ouvrages, né à Mulhausen, le 28 avril 1669 ; D. Herrliberger, exc., in-8°.

HORNES (Ambroise, comte de) et de Bassiny, etc., gouverneur et capitaine-général de la province et comté d'Artois ; 1 Franciscus de Nys, pinxit ; Paul Pontius, sculpsit, in-4° ; — 2 N., petit in-4°, dirigé à droite, au

dessous en deux lignes : *Ambroise comte de Bassiny, etc.*
—*de Hornes, baron de Boxtel.*

HUGUES AYCFLIN DE BILLOM, né en Auvergne,
religieux de l'ordre de Saint-Dominique, docteur en
théologie, puis cardinal ; N., in 8°, vu de face, au dessous, en deux lignes : *Hugues Ayfelin — cardinal en*
1288, *mort en* 1298.

HUGUES DE SAINT-MARTIAL, né dans le diocèse
de Tulle, prevôt de l'église collégiale de Douay, docteur
en l'un et l'autre droit, cardinal ; N., in-4°, pour l'Histoire des Cardinaux françois de Duchesne ; — 2 N., en
petit, à droite, avec ces mots : *Hughes de Saint-Martial.*

I

INNOCENT V (Pierre de Tarentaise), né en Savoie,
entra dans l'ordre de Saint-Dominique, devint archevêque de Lyon, cardinal, puis pape sous le nom d' ; 1 N.,
in-4°, pour l'Histoire des Cardinaux françois de Duchesne, livre second, page 273 ; — 2 N., in-8°, à droite,
avec ces mots, en deux lignes : *Pierre de Tarantaise,—*
cardinal en 1273, *mort en* 1276;—3 N. in-8°, à gauche,
au dessous, dans un médaillon rond, on aperçoit les pè-
lerins d'Emmaüs.

J

JEAN XXII (Jacques d'Euse ou d'Ossa), né à Cahors,
successivement évêque de Fréjus, d'Avignon, cardinal,
puis pape sous le nom de; 1 N., in-8°, buste dirigé à
gauche, au dessous, dans un médaillon rond, on aperçoit le buisson ardent ; — 2 N., in-8°, à droite, au dessus

de la gravure on lit en deux lignes : *IOANNES XXI.*
DICT XXII. PONT. CXCVIII — Anno domini MCCCXVI.

JEAN. *Voyez* Neufchatel.

JEAN JEAN (Antoine), docteur en théologie, recteur
de l'Université catholique de Strasbourg, né à Scelestadt le 2 février 1727; Monica Tanisch, pinxit; Verhest,
sc., à Manheim, in-4°.

JONNART (Ladislas), évêque de Saint-Omer; Collin,
sc., 1664, in-folio.

JOSEPH, sourd et muet, trouvé sur le chemin de
Péronne en août 1773, réclamant les noms et qualités
de comte de Solar, disparu de Toulouse en juillet 1773;
1 gravé par Lebeau, petit in-4°; — 2 Lemoine, del.: F.
Janinet, sculp., in-8°.

JOUBERT (Louis-Martin-Roch), peint en miniature
par M. Hals, peintre du roy, dessiné par J. B. J. Lau-
rent; Joubert filius, sculpebat, 1773, in-4°.

JULES II (Julien de la Rovère, pape sous le nom de),
né à Abizal, près Savone, fut successivement évêque de
Carpentras, archevêque d'Avignon, cardinal, puis pape
en 1503; — 1 N., in-folio, à droite, d'après Raphaël, au
bas en une ligne ces mots: *Julius II, papa Savonensis.*
Ligur.; — 2 Harrewyn, in-8°, copie du n° 1; — 3 N. in-4°,
copie à gauche du n° 1; — 4 peint par Raphaël, gravé
par Morace, in-folio; — 5 Robert, delineavit; François,
sc., in-8°, pour Odieuvre.

JUNIUS (Franciscus), François du Jon, ministre protestant, né à Bourges en 1545, mort à Leyde en 1602;
— 1 Henri Hondius, f., in-4°; — 2 Matham, sculp., in-4°:
— 3 N., in-8°, à droite, au bas trois lignes en latin, la

première commence par *Franciscus*, et la troisième finit
par *Melius* ;—4 N., in-8°, à droite, au bas huit lignes en
hollandais, la première commence par *Beroemde*, et la
huitième finit par *Reden* ;—5 N., in-8°, à droite, au dessous en deux lignes : *Franciscus Junius SS—theologiæ
professor* ;—6 N., in-8°, plus petit, dirigé du même côté
que le n° 5 et avec les mêmes lignes ;—7 N., in-folio, à
gauche, publié par Pierre Van der Aa ; — 8 N., in-8°,
dans Meursius, page 162 ;— 9 N., in-8°, médaillon oval
sans fond, dirigé à gauche ; au dessous, en une ligne, on
lit : *F. Junius* ;—10 N., in-18, à gauche, en une ligne :
Franciscus Junius ;—11 Tho, Trotter, sculp., in-8°.

K

KERCKHOVE (Jean-Polyander Van Den), théologien,
né à Metz en 1568, mort en 1646, professeur à Leyde ;
—1 Baudrigeen, pinxit ; Suyderhoef, sculpsit, 1641, in-
folio ;—2 A. Matham, schulp., in-folio ;—3 in-folio, publié par Pierre Van Der Aa ; —4 N., in-8°, dans J. Meursius, page 241 ;—5 P. Aubry, excud., in-8° ;—6 N., en
petit, à gauche, avec ces mots en deux lignes : *Johannes
Polyander—theol. Leydens.*

L

LAFOSSE (Ph.-Et.), vétérinaire distingué, mort à
Villeneuve-sur-Yonne en 1820 ; Harguiniez, pinxit ;
Michel, sculpsit, in-folio, portrait en tête de son cours
d'hippiatrique, Paris, 1772.

LAGERY (Bertrand), originaire de Figeac-en-Quercy,

religieux minime, nommé évêque de Glandèves par Urbain V, et cardinal en 1371, par Grégoire XI, mort à Avignon le 15 novembre 1392; N., in-4°, pour l'Histoire des Cardinaux françois de Duchesne, livre second, page 621.

LAGRANGE (Jean de), surnommé de Bonchamage, religieux bénédictin, prieur de Fauvans au comté de Bourgogne, de N^e-D^e d'Elincour au diocèse de Beauvais, de Gigny au diocèse de Lyon, de Saint-Denis de la Chartre à Paris, évêque d'Amiens, président des aides à Paris, conseiller au parlement, abbé de Fécamp, puis cardinal; N., en petit, à droite, avec ces mots au dessous : *Jean de la Grange*.

LAGRANGE (Monsr de), principal du collége de Beauvais; N., in-4°, dirigé à gauche.

LAGUERPIERRE (P. L. Philippe de), écuyer, major et directeur des bâtimens de S. A. S. M. le duc de Wurtemberg; Strellet, pinxit; de Verhelst, sculp., in-folio.

LAHIRE (Philippe de), mathématicien célèbre et peintre, né en 1640 à Paris, mort au collége de France en 1719. Peint par lui-même. N. sc., in-8°, pour l'Histoire des Philosophes modernes de Saverien. Paris, Ve François, 1773.

LALANDE (Joseph-Jérôme Lefrançais de), astronome distingué, né en 1732 à Bourg-en-Bresse, mort à Paris en 1807. 1 A. Pujos, del., 1773; Ingouf junior, sculp., 1774, in-8°; — 2 A. Pujos, del.; Dupin, sc., in-4°; — 3 A. Pujos, del., 1773; C.-F. Fritschius, sculp., in-8°; — 4 J. Ely, del.; A. de Saint-Aubin, sculp., 1790, in-4°;

—5 F. Bonneville, del. sculp., in-8°;—6 Tassaert, sc., in-8°;—7 Ely, del.; Landon, direx., in-8°;—8 Fremy, sculp., in 8°;—9 en petit, pour le Dictionnaire biographique, L.-G. Peugnot;—10, 11, 12, 13, quatre caricatures différentes.

LAMICHODIÈRE (J.-Bap.-Fr. de), conseiller d'état et prevôt des marchands en 1772; il a été donné son nom à une des rues de Paris; I. S. Duplessis, pinx.; P. P. Moles, sculp., 1772, in-folio.

LAMOIGNON (Chrétien-François II de), président du parlement en 1767, garde-des-sceaux, etc., mort en sa terre de Baville, le 6 mai 1789; Carmontelle, in-folio, assis.

LANGUISSEL (Bernard de), originaire de Nîmes, archidiacre de Lantrave en l'église cathédrale de Toulouse, archevêque d'Arles, puis cardinal, mort dans la ville d'Orviete, le 13 octobre 1290; N., in-4', pour l'Histoire des Cardinaux françois de Duchesne, livre second, page 289.

LATOUCHE (Philbert-M., Sr de), maître en fait d'armes des pages de la reyne en 1670, né à Nevers; N., in-4° oblong, dirigé à droite.

LATOUR DE CAMBOLIC (Bertrand-Agérie de), né à Cambolic, au diocèse de Cahors, religieux minime, archevêque de Salerne, cardinal; N., in-4°, pour l'Histoire des Cardinaux françois de Duchesne, livre second, page 434.

LAUS DE BOISSY (de), écuyer lieutenant-particulier du siége général de la connétablie de France. Pruneau, del. et sc., 1773, in 8°. De profil, à droite, au bas, quatre vers, dont le premier commence par *Sur*, le quatrième finit par *Mémoire* ; le portrait est en tête de ses opuscules ; année 1775, dont le titre a été gravé par lui-même.

LA VIE (Arnaud de), neveu du pape Jean XXII, nommé évêque d'Avignon en 1317, puis cardinal, mort en 1336, enterré dans l'église de Notre-Dame de Villeneuve près Avignon. N. in-4°, pour l'Histoire des Cardinaux françois de Duchesne, livre second, page 429.

LEBLANC (Louis), doyen, professeur de l'Ecole R. de chirurgie et lith. de l'Hôtel-Dieu de la ville d'Orléans, de l'Académie royale de chirurgie de Paris, de celles des sciences de Rouen, Dijon, Toulouse, Angers, Montpellier et Clermont-Ferrand. Lenoir, pinx.; Elluin, sculp., in-4°.

LECENE (Charles), ministre protestant, né à Caen en 1647, mort à Londres en 1703. F.-M. Lacave, fecit London, in-folio.

LEFEBURE (Guillaume). *Voyez* Febure.

LEGER (Claude), curé de Saint-André-des-Arcs, né en 1699, à Attichi près Soissons, mort à Paris en 1774. Dessiné et gravé par Nochez, in-8°.

LELEU (Mre Jacques), chanoine de Laon, mort le 21 juillet 1761. Dessin in-4°, à la pierre noire.

LEMAIRE (Claude), prêtre de Saint-Quentin. T.-C. Guillaume, sculp., in-8°.

LEMAY (Guillaume), tailleur de la Monnaie en la ville de Rouen, mort en 1480. N. in-8°, dans Montfaucon, n° 9 de la planche 187, édition de La Haye, de Houdt, 1745.

LEMENU DE SAINT-PHILBERT (Christophe). Peint par Lefèvre l'aîné, gravé par son ami Basan, in-4°.

LEMIT (Louis), architecte. L. Trinquesse, del.; L.-S. Lempereur, sculp., in-4°.

LEMPEREUR (L.-S.), graveur du roi et de Sa Majesté imp. et royale, de l'Académie de Valenciennes, etc., né à Paris le 16 mai 1728. L.-R. Trinquesse, pinx.; L.-S. L., sculp., in-folio.

LETANCOURT (P.-B.-H. de), comtesse de Mareilles. Ch. Eisen, delin., 1764; de Longueil, sculp., 1765, in-4°.

LINGUET (S.-M.-H.), né à Reims en l'année 1736, condamné à mort, en 1794, par le tribunal révolutionnaire. 1 Aug. de Sainf-Aubin, ad vivum, del. et sculp., 1773, in-4°; — 2 gravé par Delatre, in-4°; — 3 à Augsbourg, chez J.-J. Haid et fils, in-4°; — 4 J.-B. Greuze, pinx.; Aug. de Saint-Aubin, sculp., 1780, in-4°; — 5 Aug. de Saint-Aubin, sc., in-4°, petit buste avec emblèmes, au bas quatre vers de François de Neufchâteau; — 6 Mariage, sc., in-18; — 7 N. in-12, à droite, dans un médaillon rond, au bas, son nom est écrit à rebours; — 8 Deveria, del.; Dequevauvillers, sc., in 12, pour Baudoin frères; — 9 Ambroise Tardieu, direxit, in-8°; — 10 petit buste pour le Dictionnaire biog. L.-G. Peugnot.

LISIGNE. *Voyez* Erard.

LOUPTIÈRE. *Voyez* Relongue.

LUDRE (Mme de). Mariette, in-folio, en pied.

LYRA (Nicolas de), religieux minime, né à Lyre diocèse d'Evreux, vint à Paris où il fut reçu docteur en théologie, il en devint professeur dans le grand couvent de son ordre, et mourut dans cette ville en 1340. 1 Thevet, in 4°; — 2 pour le même. in-8°; — 3 N. en petit, dans la Chronique d'Opmeer.

M

MABUSE (Jean), peintre, né à Maubeuge, mort à Anvers le 1er octobre 1532, où il est enterré dans la cathédrale. 1 Th. Galle, excud., in-4°; — 2 E. de Boulonois, fec., in 4°; — 3 N. en petit, dans la Chronique d'Opmeer; — 4 N. in-18, dans un oval sans fond, il est dirigé à gauche, au bas ces mots: *John Mabuse, painter*; — 5 J.-V. Sandrart, del., in-8°; — 6 publié en 1796, par G. Barrett, graveur, in-8°; — 7 J. Girtin, in-8°; — 8 A. Bannermann, sculp., in-4°.

MAGIMEL (Ph.-An.), ancien consul, ancien grand-garde-du-corps de l'orfévrerie de Paris. Aubert, delineavit; Demarteau, sculpsit, in-4°.

DESCOTTES (E.-M.), épouse du précédent, morte en 1770, âgée de 71 ans. N. in-4°.

MANDAGOUT (Guillaume de), prevôt de l'église de Toulouse, archidiacre de Nîmes, archevêque d'Embrun, créé cardinal le 14 décembre 1312, par Clément V. N. in-4°, pour l'Histoire des Cardinaux françois de Duchesne, livre second, page 377.

MARCIN (Ferdinand comte de), marquis de Clermont d'Entragues, maréchal de France et chevalier des ordres du roi. Bonnart, in-folio.

MARCORELLE (Jean-François de), baron d'Escale,

de l'Académie royale des sciences et belles lettres de Toulouse, etc. F.-A. Bourgoin, delin.; L. Lempereur, sculp., in-4°.

MARIN (Michel-Ange), de l'ordre des Minimes, écrivain ascétique, né à Marseille en 1697, mort à Avignon en 1767. N. in-8°, dirigé à gauche, au bas quatre vers, dont le premier commence par *Modèle*, le quatrième finit par *Cœur*.

MARRIER (Dom Martin), bénédictin de la maison de Saint-Martin-des-Champs, né à Paris en 1572, mort dans la même ville en 1644. Montcornet, sc., in-8°.

MENARD DE CHOUZY (Réné-Didier-François), conseiller d'Etat, contrôleur général de la maison du roi, ministre plénipotentiaire de Sa Majesté près le cercle de Franconie. R. Gaillard, sculp., in-folio.

MERCHÉ (Jean-Chrysostôme-Donnat), graveur, né à Lille le 16 mars 1715, mort le 29 janvier 1759. J.-C.-F. Merché, sc., in-8°, à Lille, 1769.

MÉRINVILLE (Charles-François de Montiers de), évêque de Chartes, né à Paris en 1682, mort à Chartres en 1748. Crepy, sc., in-folio.

MEZETIN (Ange Constantin dit), acteur de la Comédie-Italienne. 1 F. de Troy, pinxit; C. Vermeulen, sculp., 1694, grand in-folio; — 2 Guerard, in-folio; — 3 Mariette, in-folio; — 4 Bonnart, in folio, ils sont tous en pied.

MILLE (Antoine-Etienne), écuyer, avocat au parlement et au grand conseil, auteur de l'Abrégé chronologique de l'Histoire ecclésiastique, civile et littéraire de la Bourgogne, né à Dijon le 1er décembre 1735. 1 dessin in-8°, par C.-F. Letellier; — 2 peint par Lambert en 1771; gravé par C.-F. Letellier, in-8°.

MONCEAUX (Françoisde) *Franciscus Moncæus*, poète et jurisconsulte d'Arras, né dans le 16e siècle. 1 N. in-4°, à gauche, au dessous, les noms en latin et quatre vers latins commençant par *Virgilius*, et finissant par *Loco*; — 2 N. in-8°, à droite, dans un médaillon oval, avec emblèmes, les noms en latin autour du médaillon, etc.

MONTCALM DE SAINT-VERAN (Louis-Joseph marquis de), lieutenant-général, né au château de Candiac près de Nîmes, en 1712; mort à Quebec en Canada, le 14 septembre 1759. A. de La Live, sc., in-folio; — 2 dessin in-4°.

MONTFAVEIS (Bertrand de), né à Castelnau-Rathier, diocèse de Cahors, prothonotaire apostolique, puis cardinal légat en France et en Angleterre, pour la paix entre Philippe IV et Edouard III. N. in-4°, pour l'Histoire des Cardinaux françois de Duchesne, livre second, page 426.

MORLON (Anne de), fille d'Equier Antoine de Morlon, lieutenant de MM. les maréchaux de France, ci-devant capitaine des gardes-du-corps de Monsieur. Bonnart, in-folio.

MUSCULUS (Wolfgang), d'abord moine franciscain, ensuite hébraïsant et théologien protestant, né en 1497 à Dieuze en Lorraine, mort à Berne en 1563. 1 N. in-8°, sur bois, pour les Hommes illustres de Théodore de Beze; — 2 R. Boissard, in-8°; — 3 Henri Hondius, fec., in-8°; — 4 N. in-8°, à droite, pour le Gospel. mag., sep-

..embre 1767 ; — 5 N. in-8°, sur bois, au dessus on lit, en deux lignes : *Wolfgangus Musculus,* — *theologus* ; — 6 N. in-8°, à gauche, au dessous en une ligne, ces mots : *Wolfgangus Musculus* ; — 7 N. in-folio, à gauche, au dessous, en deux lignes, ces mots : *Wolfgang. Muscul.,* — *theol. bern.* ; — 8 N. in-8°, à gauche dans un oval sans fonds, au dessous, en trois lignes : *W. Musculus,* — *the life of Musculus, who died.* — *A^no Christi* 1563.

MYRON (François), échevin de la ville de Paris, dont une des rues a pris le nom. N. petit médaillon in-32, autour duquel on lit : *FR. MYRON PROR. ET PRAEF. URB.*

N

NEEL DE CHRISTOT (Louis-François), évêque de Seez, abbé des abbayes de Saint-Ferreol, Dessommes et de Notre-Dame de Silli, conseiller du roi en tous ses conseils, et son conseiller d'honneur au parlement de Rouen. Aved, p.; Balechou, sc., in-folio major.

NEUFCHATEL (Jean de), né dans le comté de Neuf-châtel en Suisse, successivement prieur de Saint-Père d'Abbeville, de Jouhe au comté de Bourgogne, chapelain de Notre-Dame de Montroland proche Dôle, prieur d'Arbois, chanoine d'Autun, évêque de Nevers et de Toul, puis cardinal ; mort le 4 octobre 1398. N. in-4°, pour l'Histoire des Cardinaux françois de Duchesne, livre second, page 673.

NICOD, probablement Jean Nicod, ambassadeur, plus connu pour avoir introduit l'usage du tabac en France ; né à Nîmes en 1530, mort à Paris en 16... N.

dans un très petit médaillon rond, avec ces mots : *M. Nicod.*

NICOLAI (Nicolas de), né en 1517, à la Grave-en-Oysans en Dauphiné ; mort en 1583, à Soissons où il était commissaire d'artillerie, voyageur, fut nommé géographe et valet de chambre du roi Henri II. N. en petit dans la Chronique d'Opmeer.

NIVELLE (Gabriel-Nicolas), prêtre du diocèse de Paris, prieur de Saint-Gereon ; né le 18 février 1687, mort le 6 janvier 1761. N. in-folio, à droite, au bas, on cite, en latin et en français, trois versets de l'Ecclésiastique.

O

OPPENORT (Gilles-Marie), écuyer, directeur-général des bâtimens et jardins de S. A. R. M^r le duc d'Orléans, régent du royaume. G.-M. Oppenort, inv.; Huquier, sculpsit, in-folio, avec attributs.

ORLÉANS (Rénée d'), femme de Dunois. N. in-8°, sur son tombeau, Antiquités de Paris.

P

PAPILLON DE LA FERTÉ (Denis-Pierre-Jean), écuyer, intendant et contrôleur-général de l'argenterie, etc.; né à Châlons-sur-Marne en 1727, mort sur l'échafaud révolutionnaire à l'âge de 67 ans. J.-M. Moreau le jeune, del. et fecit, 1770, in-4°.

PELLETIER (J.-A.), peintre de portraits. Peint par lui-même, gravé par son ami Duponchel, in-folio.

PERCENET (L.-N.), architecte. L.-R. Trinquesse, delineavit; L.-S. Lempereur, sculpsit, in-4°.

PINEAU (D.), sculpteur. Merelle filius, p.; J.-M. Moreau le jeune, sc., 1770, in-12.

PINS (Jean de), évêque de Pamiers en 1520, puis de Rieux en 1523; né en Languedoc vers 1470, mort à Toulouse en 1537. F. Baour, sculp., in-8°.

PLUMIER (Charles), religieux minime, naturaliste, né à Marseille le 20 avril 1646, mort en 1704 à Sainte-Marie près Cadix, dans un couvent de son ordre. N. in-8°, pour l'Histoire des Philosophes modernes de Saverien. Paris, Vᶜ François, 1773.

PUIVERT (Silvestre-Jean-François de Roux marquis de), président au parlement de Toulouse; né le 25 mars 1714. 1 Dessin, in-4°, au crayon rouge; — 2 gravé par Lavalée, in-folio.

PUYANNE (Pierre-Arnaud de), abbé de Saint-Sever en Gascogne, et de Sainte-Croix de Bordeaux, créé cardinal en 1305, par Clément V. Et. Picart, f., in-4°, pour l'Histoire des Cardinaux françois de Duchesne, livre second, page 356.

Q

QUINQUET (P. Sébastien), né à Soissons, élu général de l'ordre des Théatins, à Marseille, en 1667. N. in-8°, à gauche, au-dessous trois lignes en latin, dont la

première commence par *P. Sebastianus*, et la troisième
finit par le millésime 1667.

R

RAPHELENG ou RAVLENGHIEN (FRANÇOIS), savant
orientaliste, gendre du célèbre imprimeur Christophe
Plantin, né en 1539 à Lanoy près de Lille, mourut en
1597 à Leipsic où il était professeur d'hébreu et d'arabe
à l'Université ; il s'était occupé d'imprimerie avec son
beau-père. 1 N. in-8°, dans Meursius ;— 2 N. en petit,
avec ces deux lignes : *FRANC. RAPHELENC. I 9.*
—*Hebrææ ling. prof, lugd., bata ;*— 3 N. in-8°, à droite,
dans un médaillon oval, les noms en latin autour, au
bas en deux lignes, dont la première commence par
Quo Deus, la deuxième finit par *Docet ;*—4 N. in-8°, à
droite, au-dessus, en une ligne : *Franciscus Raphelen-*
gius, et au bas, en deux lignes : *Franciscus Raphelen-*
gius,— Hebrœarum litterum prof.;— 5 de la Collection
de Rothscholtz, imprimé dans un passe-partout qui
rend le format in-folio au lieu d'in-8° qu'est la gravure ;
— 6 Delarmessin, in-4°.

RAVENET (SIMON-FRANÇOIS), graveur à la pointe et
au burin ; né à Paris en 1706, mort à Londres en 1774.
Peint par son ami Zaffanii, gravé par lui-même en 1763,
in-4°.

RAYNAL (GUILLAUME-THOMAS FRANÇOIS), l'un des écrivains philosophes du 18e siècle, né à Saint-Geniez de
Rivedolt, département de l'Aveyron, le 11 mars 1713,
mort à Chaillot, près Paris, en 1796.—1 C.-N. Cochin,

del., 1773 ; Aug. de Saint-Aubin, sculp., in-8°, vu de profil à droite ; — 2 Bannerman, sc., in-8°, copie du précédent ; — 3 N. in-8°, copie du n° 1, en tête de l'édition de La Haye, 1774 ; — 4 N. in-8°, copie du n° 1, sens opposé ; — 5 N. in-8°, avec emblèmes, caractère du n° 1, sens opposé ; — 6 dessiné par C.-N. Cochin en 1780 ; gravé par Delaunay, in-4°, vu de trois quarts, et coiffé d'un mouchoir à raies ; — 7 dessiné par C.-N. Cochin, gravé par Delaunay, in-8°, copie du n° 6 ; — 8 N. in-8°, titre de l'Histoire philosophique publiée en 1782, par Rosart et Ce à Amsterdam, copie du n° 6 ; — 9 N. in-8°, publié par Menard et Desenne, copie du n° 6 ; — 10 N. en petit, au dessous le n° 63, copie du n° 6 ; — 11 Lebeau, sculp., in-4", copie du n° 6, sens opposé ; — 12 N. Cochin, delin.; D., sculp., in-8°, copie du n° 6, sens opposé ; — 13 N. in-8°, à droite, copie du n° 6, avec trois lignes, dont la première commence par *Guillaume;* — 14 N. in-18, copie du n° 6, dans le sens opposé, en une ligne au dessous : *Guill^{me} Thomas Raynal;* — 15 N. in-8°, dans un médaillon oval, copie du n° 6, au dessous en une ligne : *Thomas Raynal;* — 16 Bonneville, del.; Huot, sculp., in-8° ; — 17 Fremy, in-8°, au trait ; — 18 gravé par Trotter, in-4°, la tête entièrement chauve ; — 19 Hopwood, sculp., in-8°, copie du précédent.

REGIS (Saint-Jean-François), de la compagnie de Jésus, né en 1597 dans le diocèse de Narbonne, mort à Louvesc le 31 décembre 1640, il y est enterré; canonisé par le pape Clément XII. 1 J.-F. Cars, petit in-folio ; — 2 Natoire, p.; J. Aubert, sc., in-folio ; — 3 N. in-folio, à droite dans les angles, diverses actions de sa vie ; — 4 gravé par Seraucourt à Lyon, in-folio ; — 5 à Paris, chez Montbart, in-folio ; — 6 Desrochers, in-8° ; — 7 chez Wagner, à Venise, in-8° ; — 8 M.-A. Valré j°, in-8° ; — 9 chez Jacques Chereau, in-8° ; — 10 N. in-18, à droite , tenant un Christ, au bas ces trois mots : *St François Regis* ; — 11 Dupin, sculp., in-12.

RELONGUE (Jean-Charles de), chevalier seigneur de la Louptière, de l'Académie des belles-lettres des Arcades de Rome ; né le 16 juin 1727, à la Louptière, diocèse de Sens (Champagne,— dép. de l'Aube) ; mort à Paris en 1784. Peint par Surugue, gravé par Beauvarlet, in-8°, pour ses œuvres diverses, Paris, 1768 et 1774.

ROBERT (Ademar ou Aymar), successivement évêque de Lisieux, Arras et Therouenne, archevêque de Sens et créé cardinal au mois de septembre 1342, par le pape Clément VI. N. in-8°, pour l'Histoire des Cardinaux françois de Duchesne, livre second, page 505.

ROCHE-AYMON (Charles-Antoine de la), né en 1692 à Mainsac, diocèse de Limoges, mort en 1777 ; fut nommé évêque de Tarbes au sortir de ses études, archevêque de Toulouse en 1740, de Narbonne en 1752, grand aumônier de France en 1760 et archevêque de Rheims en 1762. 1 Daumont, in-8° ; — 2 petit médaillon avec emblêmes, tiré du Sacre de Louis XVI.

ROCHECHOUART (Jean-François-Joseph de), évêque de Laon, créé cardinal le 13 novembre 1761, par le pape Clément XIII ; mort le 20 avril 1777. 1 P. Ant. Pazzi, sc., in-4° ; — 2 Patas, in-8", pour le Sacre de Louis XVI, sans nom ; au bas on lit : *Habillement d'un pair ecclé-siastique.*

ROGIER, consul de la ville de Reims. Robert, sculpsit, in-4°.

ROHAN (CHARLES III DE), prince de Guéméné, duc de Montbazon, pair de France, fils aîné de Charles II de Rohan et de Jeanne Armande de Schomberg. Bonnart, en pied, in-folio.

ROHAN (Mme ANNE-GENEVIÈVE DE LÉVI princesse DE), fille de M. le duc de Ventadour, veuve de Louis de La Tour, prince de Turenne, mariée à Hercule de Meriadec prince de Rohan. Bonnart, en pied, in-folio.

ROLLAND D'ERCEVILLE (BARTHELEMY-GAB.), président au parlement de Paris, auteur de divers ouvrages ; né le 18 août 1730, mort sur l'échafaud révolutionnaire en 1794. Suvé, délineavit, L.-S. Lempereur, sculp., in-4°.

ROSSET (FRANÇOIS DE), poète et romancier, né en Provence vers 1570, mort après 1630. L. Gauthier, sc., in-folio, petit portrait, dans le titre du Roland-Furieux.

ROUBILIAC (LOUIS-FRANÇOIS), sculpteur, né à Lyon, mort à Londres en 1762. Adrien Carpantiers, pinx. ; D. Martin, fecit, 1765, in-folio.

ROUSSEAU (J.-J.), écrivain philosophe, né à Genève en 1712, mort à Ermenonville le 3 juillet 1778.

Portraits avec millésime. (Bustes.)

1 Delatour, pinx. ; Littret, sc,, 1763, in-8° ; — 2 dessiné par Vecharigi, gravé par Gaucher, 1763, in-4° ; —

3 Taraval, del.; C. de Watelet, sc., 1766, in-4°; — 4 dessiné et gravé par S.-C. Miger, d'après le modèle fait par J.-B. Lemoine en 1766, in-4°; — 5 A. Ramsay, Londini, pinxit, 1766; C. Corbett, fecit, in-folio; — 6 D. Martin, in-folio, d'après le même; — 7 Delatour, pinx.; R. Winkeles, sc., 1767, in-8°; — 8 A. Ramsay, Londini, pinx., 1766; J.-E. Nochez, sculp., 1769, in-folio; — 9 C.-P. Marillier, del., 1779, Ingouf junior, sc., 1780, in-8°; — 10 C.-N. Cochin fils, inv. et del., 1780; R. Delaunay le jeune, sculp., 1782, in-8°, frontispice de l'Emile; — 11 J.-B. Delignon, sc., 1791, in-18; — 12 Al. Massard, scu., 1822, in-8°; — 13 Burdet, 1823, in-8°, d'après Delatour; — 14 chez Dalibon, en 1824, portrait en bois sur la couverture de livraisons de vignettes; — 15 Madame David, in-folio, y compris les six derniers mois de l'année 1827 qui sont au-dessus du buste.

Portraits sans millésime dirigés à droite.

16 Dessiné par Lebarbier l'aîné, gravé par Cazenave, buste grand comme nature; — 17 dessiné par Lemire, d'après le buste de Houdon réduit et gravé par Delvaux, in-4°; — 18 Daumont, in-8°; — 19 Latour, pinx.; Dupréel, sc., in-8°; — 20 Delatour, pinx.; F. Ficquet, sc., in-8°; — 21 F. Bonneville, del.; Delatour, sculp., in-18; — 22 J.-B. Compagnie, sculp., in-18; — 23 J.-J. Frilly, del.; Soliman, sc., in-8°; — 24 gravé sur acier par Hopwood, in-8°; — 25 Ambroise Tardieu, direxit; Leroux, sculp., in-18; — 26 Jac. Chailly, in-18; — 27 Aug. de Saint-Aubin, fecit, in-18; — 28 Couché fils, in-18, sur des nuages; — 29 Delatour, pinx.; A. Smith, sculp., in-18; — 30 N. in-18, au bas le n° 28; — 31 N. en petit,

au bas le n° 58 ; — 32 N. in-18, au dessus de l'oval : J.-J. Rousseau ; — 33 N. in-8°, au dessous : l'île des Peupliers et quatre vers commençant par : *Entre ces* ; — 34 N. in-8, buste au-dessus du piano de Mme de Warens qui elle-même est représentée assise touchant du piano.

Portraits sans millésime dirigés à gauche.

35 Delatour, pinx.; A. de Saint-Aubin, sculp., in-4°; — 36 C.-P. Marillier, del.; N. Ponce, sculpsit, in-folio, pour les Illustres Français ; — 37 dessiné et gravé à l'eau-forte par Queverdo, gravé par Massol, in-4°; — 38 dessiné au physionotrace d'après le buste de Houdon et gravé par Quenedey, in-18 ; — 39 gravé par Vérité d'a-près le buste, in-8°; — 40 Binet, del.; Bovinet, sculp., in-8°, buste entouré de divers sujets ; — 41 F. Bonne-ville, del.; Mariage, sculp., in-8°; — 42 Marillier, del.; Duhamel, sculp., in-8°; — 43 Ch. Duchesne, del.; Cou-ché fils, sculp., in-8°; — 44 Ch. Duchesne, delin.; Cou-ché fils, sculp., in-8°; — 45 Deveria, del.; Couché fils, dir.; Gouault, sculp., in-8°; — 46 J.-J. Frilley, del.; Soliman, sculp., in-8°; — 47 Hopwood, sc., in-8°, pu-blié par Furne ; — 48 L. F., in-8°; — 49 à Genève, chez Cassin, in-8°; — 50 Carrée, sculp., in-32; — 51 N. in-8°, au dessous, l'île des Peupliers ; — 52 N. in-8°, médail-lon avec emblêmes, au dessous sa statue sous un porti-que ; — 53 N. in-12, au dessus du médaillon, une cou-ronne formée d'étoiles ; — 54 Houdon, fecit; Landon, direxit, in-12 ; — 55 N. médaillon rond, in-32, dans le haut on lit : *J.-J. Rousseau, né à Genève* ; — 56 Reville, sculp., pour la France pittoresque ; — 57 N. très petit.

Portrait vu de face.

58 J.-M. Degault, del.; Copia, sc., in-8°.

Portraits en pied.

59 dessiné par Bouchot, gravé par Charon, in-folio ; — 60 Lebarbier l'aîné, inv., 1783; L.-M. Halbou, sculp., in-4° ; — 61 Ch.-N. Cochin, del. ; N. Ponce, sculp., in-4°, discours sur l'inégalité des conditions ; — 62 Aveline, sc., in-8° : *J'appelai l'oublieur et je lui dis* ; — 63 Cazenave, sc., in 8°, même sujet, dans le sens opposé ; 64 Naigeon, del.; Giraud le jeune, sculp., in-8° : *Politique*, tome II ; — 65 N. in-8°, même sujet que le n° 64, sens opposé ; — 66 N. in-8°, J.-J. Rousseau à la barrière du Trône ; — 67 Dupreel, in-8° : *Adieu Paris, ville de bruit, de fumée et de boue* ; — 68 N. in-4°, aux mânes de J.-J. Rousseau : *Rousseau la releva, la consola et la secourut* ; — 69 Mayer, del.; J.-N. Moreau le jeune, scul., 1779, in-8° : *Venant d'herboriser* ; — 70 Mayer, del.; Dupreel, sc., in-8° : *Venant a'herboriser* ; — 71 M. Monsiau, inv., 1797; gravé par L.-M. Halbou, in-4° : *Venant d'herboriser* ; — 72 gravé par Mme Lamothe, janvier 1806 : Pensée de J.-J. Rousseau : *l'Etre éternel*, etc. ; — 73 Deveria, del.; Frilley, sculp., in-8°, publié par Janet ; — 74 Deveria, del.; Manceau, sc., in-8° ; — 75 de Seve, dir., in-8°, monument élevé à Genève, à J.-J. Rousseau.

ROUSSEAU (Pierre), écrivain médiocre, né à Toulouse en 1725, mort à Bouillon en 1785; Davesne, p.; Cathelin, sc., 1762, in-8°.

ROUSSET DE MISSY (Jean), publiciste, historien et

compilateur, né à Laon en 1686, mort à Bruxelles environ l'an 1762 ; J. Fournier, p., 1747 : J. Houbracken, sc., in-folio.

ROYER (N.), N. in-8°, petit buste dans un médaillon oval, porté par deux génies, au dessous, à la gauche de l'estampe, une muse d'une main montre le buste et tient de l'autre un papier déployé sur lequel on lit, en six lignes : *Car. des,—Royer,—de Nomcy,—Musœ,—Juve, —Niles.*

S

SABLON DE GUILLONVILLE (Espérance-Félicité de), N. in-18, médaillon rond, entouré de guirlandes, au dessus on voit les emblèmes de la Peinture et de la Musique.

SADOLET (Jacques), né à Modène en 1477, mort à Rome en 1547, fut nommé évêque de Carpentras par le pape Léon X, et créé cardinal par Paul III ; 1 N. en petit, dans la Chronique d'Opmeer ; — 2 N. dans Boissard, in-8° ;—3 J. M. Zell, sculp. ; Hort, grand in-8° ;—4 F. V. W., f., in-8°, pour les Éloges des Cardinaux illustres, livre 1er, page 114 ; — 5 N. sur bois, in-8°, dans Reusner ;—6 N. in-8°, à gauche, au bas quatre vers latins par Bened. Arias Montanus, le premier commence par *Ut plato,* le quatrième finit par *Sinu* ;—7 N. in-4°, à gauche, avec les mêmes vers ; 8 A. Salm°, f., in-8°, dans Lorenzo Crasso ;—9 N. en petit, à droite, au dessous en deux lignes : *Jacobus Sadolet,—cardinalis.*

SAINT-YRIER (Élie de), abbé de Saint-Florent de

Saumur, évêque d'Uzez, cardinal ; N. in-4°, pour l'Histoire des Cardinaux françois de Duchesne.

SANLECQUE (Jacques de), célèbre typographe, né dans le Bourbonnais en 1573, mort en 1648 ; N. en petit, n° 145, d'une Chronologie Collée.

SCHABOL (Jean-Roger), diacre du diocèse de Paris, agronome, né à Paris en 1690 ; J. Robert, del. ; Vin. Vangelisty, sculp., in-8°, pour la Théorie du Jardinage, Paris, 1774 ; Debure frères.

SCHNEIDER (Jean-Balthasar), né à Colmar, plénipotentiaire pour le traité de paix de Munster ; 1 Anselmus Van Hulle, pinxit ; Pet. de Jode, fecit, 1650, in-folio ; —2 N. in-4°, copie du précédent.

SCHRAG (Jean), secrétaire de la ville de Strasbourg où il est né le 24 janvier 1645, mort le 29 mars 1707, à Rotenbourg sur le Tauber ; Peter Frantz Tassaert, del. ; Bernard Vogel, sculp. ; Aug. Vind., in-folio.

SEISSEL (Claude de), évêque de Marseille, né à Aix en Savoie, vers 1450, mort à Turin en 1520 ; N. in-folio dans Montfaucon, planche 209, édition de La Haye de Hondt, 1745. Il présente à Louis XII sa traduction de Thucidide.

SELVE, surnommé de MONTYRAC (Pierre de), né à Montyrac diocèse de Limoges, chanoine et trésorier de l'église cathédrale de Bayeux, évêque de Pampelonne, puis cardinal en 1356. N. in-4°, pour l'Histoire des Cardinaux françois de Duchesne, livre second, p. 577.

SELVE, surnommé de MONTYRAC (Raynulphe de), parent du précédent et comme lui né en Limosin, fut évêque de Sisteron et créé cardinal le 18 septembre 1378, par le pape Urbain VI, mourut à Rome le 15 août 1382. 1 N. in-4°, pour l'Histoiredes Cardinaux françois de Duchesne, livre second, page 721; — 2 N. en petit à droite, au dessous en une seule ligne : *Raynulphe de Montyrac.*

SIMON, religieux bénédictin, prieur de la Charité-sur-Loire, nommé, en 1294, cardinal par le pape Célestin V, mort à Rome en 1296. N. in-4°, pour l'Histoire des Cardinaux françois de Duchesne, livre second, page 335.

SPENER (Philippe-Jacques), ministre de l'église évangélique de Strasbourg, né en 1635 à Ribeauwiller en Alsace. Pet. Schenck, fec. et exc., à Amsterdam, in-folio.

STADEL (Josias), consul de là ville de Strasbourg où il est né le 25 septembre 1627, mort le 22 mai 1700. J. A. Scupel, del. et sculp., in-folio.

SUDRÉ (Guillaume), naquit près Brives-la-Gaillarde, entra dans l'ordre des Dominicains dans cette ville, fut nommé provincial de son ordre en Languedoc, puis évêque de Marseille, créé cardinal le 18 septembre 1366, par le pape Urbain V. N. en petit, à droite, en une ligne, on lit au dessous : *Guillaume Sudre.*

SUVÉE (Joseph-Benoit), peintre, membre de l'Académie royale de peinture et professeur, nommé, en 1792, directeur de l'Ecole française à Rome; naquit à Bruges en 1743, mort en 1807. Suvée, pinx.; Hauer, sculp., in-4°.

T

TELIGNY (le comte DE), gendre de Coligny, tué au massacre de la Saint-Barthélemy. N. in-8°, sur bois, pour les Hommes illustres de Théodore Beze ; regarde à droite, au dessus de la gravure on lit ces deux mots : *Dominus Tellinius.*

TESTE (GUILLAUME), né à Condom, nonce en 1308, du pape Clément V, en Angleterre, et créé cardinal le 3 décembre 1312, par ce pape. 1 N. in-4°, pour l'Histoire des Cardinaux françois de Duchesne, livre second, page 396 ; — 2 N. in-8°, à droite, au bas, en deux lignes : *Guillaume Teste, — cardinal en* 1312 *, mort en* 1336.

THIBAUD, portrait véritable du (V.-P. Philippe). Landry, sculp., 1673, in-8°.

THOMAS (ANTOINE-LÉONARD), de l'Académie française, né en 1732 à Clermont en Auvergne, mort en 1785 à Oullins près Lyon. 1 Cochin, del.; D***, sc., in-4°; — 2 C.-N. Cochin, del., 1767; B. Roger, sc., in-8°.

TOCQUÉ (LOUIS), peintre ordinaire du roi, conseiller de l'Académie royale de peinture et sculpture, etc.; né à Paris en 1696, mort en 1772. Peint par J.-M. Nattier, gravé par L.-J. Cathelin, in-folio.

TOUCHE. *Voyez* Latouche.

TOUR D'AUVERGNE (Mauricette-Febronie de la), fille de Frédéric Maurice et d'Eleonore-Catherine-Febronie de Bergh, mariée à Maximilien-Philippe-Jérôme, prince Palatin du Rhin, duc de Bavière ; morte en 1706. Herdegen Van Culm, p.; Zimmermann, sc., in-folio.

TOUR D'AUVERGNE (le prince Frédéric Constantin de la), chanoine de Strasbourg et prieur commandataire de Sainte-Marie de la Charité-sur-Loire. G. Allou, p.; S. Thomassin, sc., 1714, in-folio.

TOURVILLE (Lucie de), de Cotantin, marquise de Gouville, mariée le 26 juillet 1714, à Guillaume-Alexandre de Gallard, de Bearn comte de Brossac. Berey, in-folio en pied.

TREMOILLE (Frédéric-Guillaume de la), prince de Talmond, frère de M. le duc de La Tremoille et colonel d'un régiment de cavalerie. Bonnart, in-folio en pied.

TREYSSAC DE VERGY (Pierre-Henry), avocat au parlement de Bordeaux. N. in-4°, à Londres, publié le 4 février 1775, chez Humphrey Gerrard.

TRUDAINE DE MONTIGNY (Jean-Charles-Philibert), intendant général des finances, né en 1733 à Clermont en Auvergne, mort en 1777. 1 L.-C. de Carmontelle, del., 1761, in-folio; le personnage est assis, vu de profil, dirigé à gauche, lisant dans un livre appuyé sur les genoux ; — 2 C.-N. Cochin, del.; Aug. de Saint-Aubin, sculp., 1774, in-4°.

TYRPIN DE CRISSÉ (Lancelot comte de). Cazenave,

inv.; Andouart, sc., in-folio, médaillon avec celui de
Montecuculli, dans le titre des Commentaires sur les
Mémoires de Montecuculli.

U

URBAIN II (EUDES DE LAGERY ou de CHASTILLON, pape
sous le nom d'), né à Châtillon-sur-Marne. 1 J. Picart,
incidit, petit portrait en pied, dans le titre in-folio de
l'Histoire de la maison de Chastillon, par André Duchesne, Paris, Sébastien Cramoisy, 1621; — 2 N. in-4°,
pour l'Histoire des Cardinaux françois de Duchesne,
livre premier, page 52.

URBAIN V (GUILLAUME-GRIMOARD DE GRISAC, pape
sous le nom d'), successivement abbé des abbayes de
Saint-Germain d'Auxerre et de Saint-Victor de Marseille, cardinal, puis pape. N. in-4°, pour l'Histoire des
Cardinaux françois de Duchesne, livre second, p. 580.

URIOT, bibliothécaire et professeur de littérature
française, au service de S. A. S. Mgr le duc régnant de
Wurtemberg. A Augsbourg, peint et gravé par Jacques
Mettenletter, in-folio.

V

VAILLANT (WALLERANT), peintre et graveur au burin et en manière noire, né à Lille en 1623, mort en

1677. C. Eisen, del.; Ficquet, sculp., in-8°, pour l'Histoire des Peintres par Descamps.

VARAGNE DE GARDOUCH (F. DE), marquis de Belesta, mestre de camp de cavalerie, enseigne des gendarmes de Berry. Peint par Crozat, gravé par L.-F. Baour, in-4°.

VAUX (M. le comte DE), probablement le maréchal de France. Le personnage est en costume du temps de Louis XV, décoré d'un grand cordon, sa main droite appuyée sur une canne. N. in-8°.

VILLENEUVE (ALEXANDRE-GASPARD DE), marquis de Vence. J.-B. Vanloo, pin.; H. Coussin, sculp, in-folio.

W

WALLISER (CHRISTOPHE-THOMAS), musicien célèbre, né à Strasbourg en 1568. Jacob, ab.; Heyden, sculpsit, in-8°, âgé de 57 ans.

WENCKER (JACQUES), consul de la ville de Strasbourg où il est né le 22 octobre 1633, mort le 22 octobre 1715. J.-A. Scupel, delin. et sculp., in-folio.

Z

ZELL (MATHIAS ZELLIUS), théologien de Strasbourg, né à Kayserberg en Alsace, en 1377, mort à Strasbourg en 1448. 1 R. Boissard, in-8°; — 2 Hondius, in-4°; — 3 N. en petit, vu de profil à gauche, au bas en deux lignes : *Mathias Zellius, — theol. argentorat.*

ZENTGRAVE, *Zentgravius* (JEAN-JOACHIM), théologien luthérien, professeur à l'Université de Strasbourg, né dans cette ville le 21 mars 1643, mort dans la même ville le 28 novembre 1707. N. in-folio, la main droite posée sur la poitrine et tenant de la main gauche un livre appuyé sur une table.

FIN.

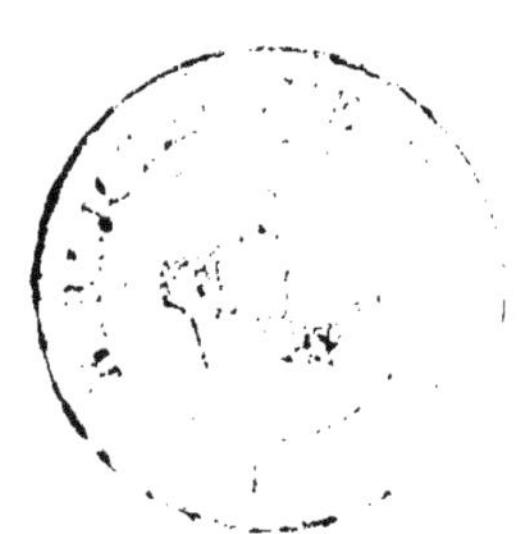